COLLECTIONS

DE M. ... ET DE M. ...

TABLEAUX

MODERNES

CATALOGUE

DES

TABLEAUX

MODERNES

PROVENANT

Des Collections de M. L... [Liebig] et de M. F... [Remy]

DONT LA VENTE AURA LIEU

HOTEL DROUOT, SALLE N° 8

LE JEUDI 8 AVRIL 1875

à deux heures et demie

EXPOSITIONS

PARTICULIÈRE	PUBLIQUE
Le Mardi 6 Avril 1875	Le Mercredi 7 Avril 1875

De 1 heure à 5 heures

COMMISSAIRE-PRISEUR	EXPERT
Mᵉ CHARLES PILLET	M. DURAND-RUEL
10, rue de la Grange-Batelière.	16, rue Laffitte.

CONDITIONS DE LA VENTE

Elle sera faite au comptant.

Les acquéreurs payeront *cinq pour cent* en sus des adjudications.

Paris. — Typ. PILLET fils aîné, 5, rue des Grands-Augustins.

Deux amateurs éclairés se décident à mettre en vente
leur collection de tableaux choisis parmi les œuvres de notre école moderne. Ce qui caractérise surtout cette réunion
de toiles, c'est que plusieurs de nos grands maîtres y sont
représentés par des œuvres exécutées dans les diverses phases
de leur vie et de leur talent.

Eugène Delacroix nous donne trois compositions des
plus significatives : 1° le *Don Quichotte*, peint à l'époque
de sa jeunesse et dans toute la perfection de son exécution ;
2° le *Saint Sébastien* peint à l'époque de l'apogée de son talent, et enfin *Jésus sur le lac de Génézareth*, où il a déployé
tout le pathétique et la poésie de son génie.

Théodore Rousseau a six toiles dont les premières da-
tent de ses impressions de jeune homme ; il est déjà grand
peintre et il sait généraliser les plus grandes perspectives.
Les amateurs sauront apprécier deux des chefs-d'œuvre de
Rousseau que des ventes célèbres ont rendus populaires, le
Dormoir du Bas-Bréau qui est une de ses œuvres les plus

puissantes, et le *Soleil couchant en Sologne* que Rousseau exécuta de 1844 à 1847, avec toute la puissance de sa couleur, et toute la distinction de son dessin. Ce tableau peu connu, nous pouvons l'assurer, est une pure merveille.

La *Métairie sur les bords de l'Oise* qu'il est inutile de signaler parce que tout le monde a pu apprécier cette composition d'une exécution des plus précieuses.

François Millet est représenté par deux chefs-d'œuvre incontestables : 1° la *Mort et le Bûcheron*, que le jury du Salon de 1859 a refusé et que celui de 1867 a acclamé à l'exposition universelle ; 2° la *Chevrière d'Auvergne* qui est une de ses dernières œuvres ; il était arrivé à l'apogée de son talent lorsque la mort est venue le surprendre, et on reconnaîtra dans ce dernier tableau la science profonde, le dessein sculptural de ce grand artiste.

Jules Dupré nous donne aussi des pacages plantureux, des marines en temps calme et pendant la tempête, des prairies du Limousin, les bords de l'Oise et des soleils couchants de la plus vigoureuse exécution.

Corot, toujours fertile, nous donne ses plus charmantes Idyles ; *Orphée* et son pendant *Diane*, qui proviennent de la collection Demidoff, sont des spécimens de l'art poétique de Corot, qui a su retrouver l'antiquité la plus pure, dans notre nature moderne. On reverra encore ses matinées et ses crépuscules dans leur plus fine et leur plus charmante impression ; elles sont toutes de l'époque où Corot s'appliquait à achever et à exprimer très-nettement ses pensées. Nous pouvons dire que toutes ces toiles ont été choisies parmi les bonnes toiles de Corot ; elles portent toutes la marque de son talent pur et consciencieux.

Troyon a trois pacages de Normandie de diverses époques.

G. Michel, le peintre si longtemps inconnu, trois paysages où se déployent toute la hardiesse et la furie de son inspiration.

Daubigny, un charmant village sur les bords de l'Oise, plein de calme et de verdure.

Diaz a trois toiles ; on y reconnaîtra l'éclat de sa riche palette, la poésie des bois, des landes et de tout ce qui a fait de lui le grand peintre de la forêt de Fontainebleau.

Fromentin a plusieurs toiles africaines ; on le sait, c'est Fromentin qui a le plus nettement décrit la vie du désert. Les trois sujets de cette vente sont d'admirables mises en scènes, et comme ses compositions écrites avec tant de talent, elles sont une image précise des mœurs de l'Egypte et du Sahara.

Decamps, Eug. Isabey, Stevens, Bonvin, Ch. Jacque,

Jongkind, etc., etc., ont des types de choix. La jeune école y est dignement représentée par Roybet, Boudin, etc.

Roybet, si riche de coloris, nous montre le *Page et les Lévriers* qu'on a longtemps pu apprécier à plusieurs expositions.

Enfin cet ensemble de peintures présentera aux amateurs des œuvres sérieuses qui n'ont ni l'exécution hâtée ni le défaut de conscience de tant de produits artistiques de notre époque. Elles ont toutes été choisies avec discernement et avec goût, et il y a parmi elles plusieurs chefs-d'œuvre de nos plus grands artistes.

DÉSIGNATION

ACHEMBACH

(0.)

1 — Laveuses à la Fontaine (paysage d'Italie).

Des paysannes de la campagne de Naples sont occupées à laver leur linge à une fontaine publique. Une tour en ruine se profile sur le ciel; des fabriques italiennes se voient sur les hauts rochers; au fond, les champs désséchés par le soleil.

Haut., 129 cent.; larg., 110 cent.

BERNE-BELLECOUR

2 — Après la chute.

Un chasseur en casaque rouge est soutenu par un jockey qui vient frapper à une porte de maison.

Haut., 78 cent.; larg., 48 cent.

BONVIN

3 — L'Aumône.

Sous le portique d'une vieille église romaine, un enfant, pieds nus, demande l'aumône pour un aveugle qui se tient debout à la gauche ; au fond, passent trois religieuses.

Haut., 60 cent.; larg., 40 cent.

BONVIN

4 — L'Entrée de la cave.

Une servante en corset rouge et en bonnet rond se dispose à prendre un panier rempli de bouteilles pour descendre à la cave ; de la main droite, elle tient une lumière.

Haut., 48 cent.; arg., 33 cent

BOUDIN

5 — La rade d'Anvers.

Devant la rade d'Anvers ; des navires pavoisés et des barques de pêcheurs entrant dans le port.

Haut., 55 cent.; larg., 88 cent.

BOUDIN

6 — Le port d'Anvers.

Dans le port d'Anvers ; des bateaux sont amarrés à quai près d'une avenue d'arbres. Effet de soleil sur la mer grise.

Haut., 55 cent.; larg., 88 cent.

BRILLOUIN

7 — Réflexions.

Un jeune homme en costume Louis XIII est assis ; il tient une lettre de la main droite et une rose blanche de la main gauche. Une mandoline est sur la table ainsi qu'une cassette ouverte.

Haut., 19 cent.; larg., 14 cent.

CLESINGER

8 — Campagne de Rome.

Le Tibre coule doucement au milieu d'une campagne
rocheuse et solitaire. Une vieille cité se dresse sur un
roc. Au fond, les montagnes bleues de la Sabine. Des
buffles paissent sur les bords du fleuve.

Haut., 30 cent.; larg . 82 cent.

COROT

9 — Orphée.

Au levé du soleil, Orphée tenant une lyre à la main
lève les bras au ciel et semble charmé des arbres et des
êtres qui l'entourent; à droite, de grands groupes de
chênes se penchent vers le poëte; plus loin, un petit
monument antique et au fond les montagnes de
la Grèce.

Haut., 200 cent. ; larg., 135 cent.

COROT

10 — Le sommeil de Diane.

Dans un bois et au milieu d'une clairière, une femme
nue dort sur un tertre. Des amours voltigent autour
d'elle et cherchent à lui enlever ses vêtements. Au
loin sur une colline, un temple antique à colonnes,
plus loin encore des montagnes. Effet de clair de lune·

Haut., 200 cent.; larg., 135 cent.

COROT

11 — Ravin.

Sur une montagne de pierres volcaniques, on aperçoit une petite cité italienne qu'éclaire le soleil couchant. A droite, sur un rocher, des arbres ont poussé
et étendent leurs longues branches sur le ciel. Un
homme passe dans l'ombre du ravin.

Haut., 40 cent.; larg., 60 cent.

COROT

12 — Route sous bois.

Une femme, tenant par la main un enfant, se dirige au milieu d'une route qui se perd au fond d'un bois. Les peupliers se penchent sur la route et laissent transpercer des éclats de lumière. A gauche, un vieux mur et une haie entourent un bois qui descend en pente. Le ciel est bleu et sourd.

Haut., 60 cent.; larg., 45 cent.

COROT

13 — Une Rivière.

Deux vaches passent à gué le lit d'une rivière qui va se perdre dans la mer. A gauche, de grands arbres au milieu desquels transperce le ciel donnant l'ombre à des rochers et à un pâtre assis sous les branches. A droite, une villa italienne près de la mer.

Haut., 58 cent.; larg., 82 cent.

COROT

14 — Printemps.

Une clairière de bois, légèrement traversée par quelques éclats de soleil, est ombragée à gauche par de grands arbres au travers desquels on voit une haute colline, un village près d'un lac ; à droite, sur un tertre sablonneux et herbu, des arbres se profilent sur le ciel et des trous de bouleaux éclairés se détachent sur leur masse. Dans le chemin, deux figures de femmes debout. Ciel gris et nuageux.

Haut., 72 cent.; larg., 53 cent.

COROT

15 — Vaches dans un pré.

Sous un groupe de grands arbres qui se profilent en vigueur sur le ciel, paissent quelques vaches dans une campagne découverte. A droite, un saule ; à gauche, une colline ; au fond, une tour et des fabriques italiennes.

Haut., 25 cent.; larg., 36 cent.

COROT

6 — Coup de vent.

Au milieu d'une campagne aride, un groupe de bouleaux et d'autres arbres penchent leur tête sur une terre sablonneuse. Une femme portant du bois se dirige vers la gauche. Ciel gris et mouvementé.

Haut., 37 cent.; larg., 55 cent.

DAUBIGNY

17 — Bords de l'Oise.

Près d'une rivière où lavent plusieurs femmes, un village et son clocher se reflètent dans les eaux ; de gros arbres apparaissent dans les jardins et dominent toute la perspective des maisons. Au fond, colline grise et bois, des Canards passent sur le premier plan.

Haut., 34 cent; larg., 65 cent.

DAUBIGNY

18 — Moulins sur les bords d'une rivière, en Hollande.

Haut. 38 cent.; larg. 68 cent.

DECAMPS

19 — Paysage avec chasseurs.

Moulins sur les bords d'une rivière en Hollande.

Dans un marais entouré de roseaux, un chasseur est à l'affût. Au fond, dans une plaine aride, des moutons paissent. Plus loin, encore sur la hauteur, une ruine de château et des bois.

Soleil couchant.

Haut., 11 cent.; larg., 19 cent.

DELACROIX

(EUGÈNE)

20 — Saint Sébastien.

Deux saintes femmes retirent des flèches du corps de
saint Sébastien qui est couché à terre. A droite, des
amphores; à gauche, un casque et une épée de soldat
romain. Campagne rocheuse et profonde.

Soleil couchant.

Haut., 36 cent.; larg., 48 cent.

DELACROIX

(EUGÈNE)

21 — Le Christ sur le lac de Génézareth.

Une barque, au milieu d'une mer houleuse, porte
Jésus et ses disciples; les hommes rament avec peine,
un d'eux a laissé tomber sa rame à la mer, deux
autres hommes, effrayés, se disposent à réveiller Jésus
qui dort paisiblement près du timonier; au loin, des
montagnes de la Judée et, sur la rive, une ville
éclairée par le soleil.

Haut., 48 cent.; larg., 60 cent.

2

DELACROIX

(EUGÈNE)

22 — Don Quichotte.

Le chevalier, assis, s'agite après avoir fait la lecture
d'un roman de chevalerie. Au fond, sa famille approche doucement et semble plaindre le pauvre fou.

Haut., 42 cent.; larg., 32 cent.

DELACROIX

(EUGÈNE)

23 — Le Soir de Waterloo.

Entre deux chevaux morts un cuirassier blessé se
lève et regarde le champ de bataille; au fond des
champs et des collines.

Haut., 48 cent.; larg., 55 cent.

DIAZ

(N.)

24 — Effet d'orage sur une lande.

Près de la lisière d'une forêt se profile un vieux chêne; une femme chargée de bois va rejoindre un sentier qui passe à travers une lande; au fond les bruyères de Fontainebleau.

Ciel couvert et pluvieux.

Haut., 60 cent.; larg., 75 cent.

DIAZ

(N.)

25 — Une Mare sous bois.

Une paysanne en fichu rouge, suivie de son chien, se repose près d'une mare entourée de grands arbres; au second plan, des chênes dressent leurs têtes en plein soleil et se reflètent dans l'eau; au fond une contrée rocheuse et aride.

Effet de calme.

Haut., 45 cent.; larg., 60 cent.

DIAZ

(N.)

26 — Sous bois.

Deux troncs de chêne en plein soleil sur le premier plan ; au fond, les grands arbres du Bas-Bréau.

Haut., 25 cent.; larg., 18 cent.

DUPRÉ

(J.)

27 — L'Orage.

Au pied de grands chênes, une mare reflète les ombres du paysage et l'accent coloré d'une femme en robe rouge. De grosses roches apparaissent au milieu des roseaux ; au fond, les toits d'un village ombragés de grands arbres.

Ciel couvert, orageux, qui laisse voir des nuages blancs à travers les branches des arbres.

Haut. 65 cent.; larg., 80 cent,

DUPRÉ

(J.)

28 — Mare et plaine.

Sur les bords d'une mare entourée de roseaux, paissent quatre vaches, un grand bois les ombrage; à gauche, un grand pâturage paisible; au fond, des collines boisées.

Ciel tranquille doucement agité par des nuages blancs. Reflet du ciel et des arbres dans les eaux.

Haut., 29 cent.; larg., 39 cent.

DUPRÉ

(J.)

29 — Falaises battues par la vague.

Falaises du Crotois, battues par les vagues. Effet d'orage.

Haut., 80 cent.; larg., 55 cent.

DUPRÉ

(J.)

30 — L'Orage (Marine).

Sur une haute falaise se voit un moulin à vent entouré de chaumières. La mer à marée basse est en plein
calme, des petits bateaux de pêcheurs la sillonnent
doucement.

Le ciel est orageux, plein d' lumières menaçantes.

Haut.. 49 cent.; larg., 60 cent.

DUPRÉ

(J.)

31 — Marine.

Sur une pleine mer verte passent deux barques à
voiles. Le ciel est nuageux et mouvementé. Au premier
plan, des brisants.

Haut., 65 cent.; larg., 80 cent.

DUPRÉ

(J.)

32 — Un Bras de l'Oise.

Un troupeau de vaches descend dans la rivière. Sur
la berge une chaumière ombragée par un vieux chêne,
et au premier plan une barque et un pêcheur.

Haut., 44 cent.; larg., 52 cent.

DUPRÉ

(J.)

33 — Paysage.

Des vaches paissent près d'une mare au milieu d'une
plaine. Trois vieux chênes projettent de l'ombre sur les
eaux ; au fond, colline élevée et village dans la plaine.

Ciel orageux au milieu desquels apparaît un bleu
profond.

Haut., 45 cent.; larg., 60 cent.

FROMENTIN

34 — Bords du Nil.

Sur les bords du fleuve se profile le minaret d'une mosquée; plus loin, une ville maure et le dôme d'un palais Musulman, des fellahs remorquent une barque à la rive.

Haut., 79 cent.; larg., 110 cent.

FROMENTIN

35 — Chasse au faucon.

Dans une plaine voisine de la mer, des Arabes à cheval chassent au faucon. Ils regardent dans le ciel le combat des oiseaux; à gauche, un tertre boisé; à droite, de longues montagnes s'étendent jusqu'à la mer.

Haut., 68 cent.; larg., 85 cent.

FROMENTIN

(EUGÈNE)

36 — Caravane en marche.

Des Arabes armés, guidés par un homme à cheval
s'avancent au milieu du désert; au loin un groupe de
cavaliers.

Haut., 26 cent.; larg., 33 cent

ISABEY

(EUGÈNE)

37 — Port de pêcheurs à marée basse.

De vieilles cabanes de pêcheurs, une barque échouée
et au fond le profil de hautes maisons et la mer; ciel
orageux.

Haut., 22 cent.; larg., 31 cent.

JACQUE

(CHARLES)

38 — Moutons au pâturage.

Au milieu d'un site de Fontainebleau et sur le bornage de la forêt, une jeune fille assise garde des moutons. Au second plan, des roches grises et un groupe de chênes.

Haut., 80 cent.; larg., 60 cent.

JACQUE

(CHARLES)

39 — Moutons au pâturage.

Une bergère appuyée sur un grand chêne garde un troupeau de moutons. Son chien est près d'elle. Groupe de gros arbres au second plan.

Haut., 80 cent.; larg., 64 cent.

JACQUE

(CHARLES)

40 — Une Cour de village.

Une femme en jupon rouge, porte, à un paysan dans sa voiture, un pannier de pommes de terre. Des enfants jouent au milieu des poules. Et, tout près d'une porte de maison, une vieille femme s'occupe d'un enfant en chemise.

Haut., 43 cent.; larg., 60 cent.

JONGKIND

41 — Un Canal en Hollande.

Sur les bords d'un canal que traverse une passerelle, on voit, de chaque côté, quelques arbres se refléter dans l'eau. Un gros bateau plat s'avance sur le premier plan ; des poutres flottent à gauche, sur l'eau, et quelques figures passent sur le quai, à gauche. Effet de soleil couchant.

Haut., 32 cent.; larg., 45 cent.

JONGKIND

42 — Clair de lune.

Sur un canal de la Hollande, on voit un navire en radoub. Quelques barques sont éparses sur l'eau. Une route plantée d'arbres côtoie ce canal, où se projettent des lumières des maisons.

A gauche et au loin, une ville.

Haut., 33 cent.; larg., 47 cent.

JONGKIND

43 — Clair de lune.

Trois navires sans voiles sont au calme plat. La lune éclaire la mer par un large sillon éclatant. A droite une rive basse, barques, moulin à vent et grands arbres.

Haut., 32 cent. larg., 45 cent.

MENZEL

44 — La Promenade.

Sous les grands arbres d'un jardin public, des dames
et des enfants sont assis ou passent; un homme lit
attentivement un journal, un laquais pousse doucement
la voiture d'un malade.

Haut., 20 cent.; larg., 29 cent.

MENZEL

45 — Intérieur de l'atelier du peintre.

Le peintre dans son atelier cause avec des visiteurs.
Un élève travaille sur son chevalet.

Haut., 23 cent.; larg., 18 cent.

MICHEL

(GEORGES)

46 — Forêt.

Une route passe au milieu d'une forêt de grands
arbres au travers desquels le ciel apparaît et laisse
dessiner les têtes des bouleaux, des chênes et des
ormes. A gauche, un vieil arbre envahit une partie
de la scène. Tout près de lui un vieux tronc d'arbre a
été coupé et jeté au travers de la route. Passe un
voyageur chargé de son paquet.

Haut., 65 cent.; larg., 80 cent.

MICHEL

(GEORGES)

47 — Paysage.

Un village apparaît au milieu des arbres sur une
colline boisée et dans l'ombre. Au fond, plaine et marais en lumière. Sur le premier plan, terrains arides et
boueux, au milieu desquels passe un chemin.
Ciel bleu parsemé de beaux nuages.

Haut., 54 cent.; larg., 68 cent.

MICHEL

(GEORGES)

48 — Moulin.

Dans une plaine crayeuse et sur un monticule on
aperçoit trois moulins. Un troupeau de bestiaux pâture
dans l'ombre. Deux femmes s'avancent sur le premier
plan.

Le ciel est noir et s'éclaircit vers la gauche.

Haut., 50 cent.; larg., 65 cent.

MICHETTI

49 — Petite fille portant une cruche.

Au milieu d'un bois, passe une petite fille en jupon
rayé de bleu et en corsage blanc, portant sur la tête
un pot en terre verte.

Haut., 20 cent ; larg., 10 cent.

MILLET

(J.-F.)

50 — La Mort et le Bûcheron.

Sur la lisière d'un bois et dans un chemin creux, un paysan s'est laissé choir sur un tertre près d'un fagot qu'il ne pouvait plus porter. La mort en suaire blanc, tenant la faux et le sablier symboliques, jette la main sur le pauvre homme qui s'accroche à son fagot; plus loin on aperçoit une chaumière qui fume, et vers laquelle le paysan semble jeter un dernier regard.

Haut., 80 cent.; larg., 100 cent.

MILLET

(J.-F.)

51 — Jeune chevrière d'Auvergne.

Une jeune fille coiffée du chapeau de l'Auvergne, est assise sur un tertre au haut d'une montagne, elle file au fuseau en gardant ses chèvres. Les jambes nues et chaussées de sabots, sa jambe est relevée sur son genou gauche; son costume est gris et une ceinture de cuir noir retient sa quenouille. Quelques chèvres broutent derrière elle.

Ciel gris et nuages blancs floconneux.

Haut., 92 cent.; larg., 73 cent.

NITTIS

(De)

52 — Mousquetaire.

Un militaire du temps de Louis XIII, couvert d'un
manteau rouge, est assis sur un banc près d'un mur.
Un verre, une cruche et un pot de faïence sont près du
mousquetaire endormi.

Haut., 23 cent.; larg., 18 cent.

RIBOT

53 — La Laitière.

Une jeune femme est assise près d'un pot au lait;
elle est en corset blanc et rouge et coiffée d'un bonnet
à la hollandaise. Au fond du paysage, passe une femme
chargée de paniers; plus loin encore, paysage boisé et
maison éclairée par un léger coup de soleil.

Haut., 45 cent.; larg., 37 cent.

3

RICARD

54 — Portrait de M. Ernest Feydeau.

Haut., 70 cent.; larg., 53 cent.

ROUSSEAU

(TH.)

55 — Soleil couchant en Sologne.

Sur les bords d'un cours d'eau, traversé par un petit pont, un homme pêche à la ligne. A gauche, un petit bois de chênes, au milieu desquels transperce un éclat de soleil à droite, des saules rabougris se penchent sur l'eau. Lande et broussailles sur le premier plan.

Effet puissant de soleil après l'orage.

Haut. 42 cent.; larg., 63 cent.

ROUSSEAU

(TH.)

56 — Métairie au bord de l'Oise.

Des saules et des chênes sont penchés sur une eau
transparente, qui laisse voir leurs reflets. Des femmes
lavent sous les saules. Un homme dans une barque
approche de la rive, où l'on voit un sentier se diri-
geant vers une métairie entourée d'arbres. A gauche,
un autre bateau, dans lequel un homme est assis et
pêche. Plus loin, sur la rive, les silhouettes accentuées
d'un chêne et d'un saule; au fond, sur les bords de la
rivière, deux peupliers et quelques buissons. Ciel bleu
calme et parsemé de légers nuages.

Haut., 40 cent.; larg., 62 cent.

ROUSSEAU

(TH.)

57 — Dormoir des gorges d'Apremont.

Un troupeau de vaches vient s'abreuver dans une
mare, entourée d'arbres séculaires qui se penchent
sur l'eau. Le ciel apparaît à travers les branches.
Plus loin, on aperçoit le désert d'Apremont entre les
cépées de chêne.

Haut., 65 cent.; larg., 162 cent.

ROUSSEAU

(TH.)

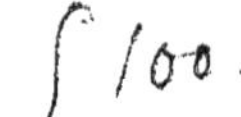

58 — Village près Granville.

Des chaumières normandes dont les cheminées fument. Plus loin, dans la plaine, un village avec son clocher; puis, à l'horizon, des coteaux cultivés et boisés. Un ciel gris et couvert.

Haut., 30 cent.; larg., 43 cent.

ROUSSEAU

(TH.)

59 — Chaumières dans le Cantal.

Au soleil couchant et abrité par une montagne boisée, quelques chaumières fument dans l'ombre. Un chemin arrive sur le premier plan, où deux femmes lavent dans une mare. Effet puissant de crépuscule.

Haut., 38 cent.; larg., 32 cent.

ROUSSEAU

(TH.)

60 — Grotte dans une falaise.

Sur les bords des côtes de Granville et au milieu d'une grotte, on aperçoit la plage et les falaises.

Haut., 30 cent.; larg., 42 cent.

ROYBET

61 — Le Page.

Dans l'antichambre d'un château seigneurial, un jeune page, en crevé à l'espagnol et à tocquet de velours, retient par le collier deux lévriers qui cherchent à se précipiter sur un perroquet cramponné sur le bord d'un plat en cuivre rempli de fruits. Au fond, des meubles en chêne et une guitare.

Haut., 167 cent.; larg., 139 cent.

STEVENS

(A.)

62 — L'Inde à Paris.

Une femme blonde, en robe de velours noir, regarde attentivement une sculpture indienne qui représente un petit éléphant couvert de tapisseries et portant un trône d'or.

Haut., 80 cent.; larg., 53 cent.

STEVENS

(A.)

63 — Amazone.

Une dame en habit d'amazone, suivie de son groom, parle à une femme de chambre qui tient un petit chien.

Haut., 80 cent.; larg., 64 cent.

STEVENS

(A.)

64 — Jeune femme assise.

Une jeune femme les bras et la poitrine nus, tenant dans sa main un éventail, est assise sur un canapé d'étoffe rouge.

Haut., 28 cent.; larg., 20 cent.

TOULMOUCHE

65 — Contemplation.

Un jeune fille en robe violette, à genoux sur un fauteuil, regarde en souriant un vase de myosotis.

Haut., 45 cent.; larg., 30 cent.

TROYON

66 — **Une Saulée.**

Un troupeau de vaches s'abreuve au bord d'un ruisseau entouré de saules.

A droite, une grande prairie normande, et au fond, des plaines.

Haut., 66 cent.; larg.. 100 cent.

TROYON

(ↄ)

67 — **Vache blanche poursuivie par un chien.**

Dans une grande prairie normande, une vache blanche se sauve, poursuivie par un chien noir qui cherche à la mordre. Elle est vue de profil, la tête baissée, et semble prête à attaquer le chien qui la poursuit. Ciel bleu et calme.

Haut., 82 cent.; larg., 167 cent.

TROYON

(C.)

68 — Vaches au pâturage, près d'un ruisseau.

Au fond, un port de mer, une haute église et des
falaises. Ciel gris et nuageux.

Haut,, 50 cent.; larg., 60 cent.

TROYON

(C.)

69 — Pâturages aux environs de Trouville.

Vaches au pâturage dans la vallée de la Toucques.
Un taureau se gratte à un frottoir ; une autre vache
passe sur un ponceau de bois.

Haut., 55 cent.; larg., 45 cent.

4

TROYON

(C.)

70 — **Un bout de village en Normandie.**

Des maisons couvertes en chaume et en tuiles sont
ombragées par de grands ormes. Une femme en bonnet
normand, un homme et deux enfants sont près de la
haie qui entoure une maison. A droite et dans l'ombre, passe un homme en chapeau de paille. Un chemin
rural s'enfonce dans le bois. Ciel gris et nuageux.

Haut., 60 cent.; larg., 90 cent.